GRANDES HERRAMIENTAS
PARA PEQUEÑOS GUERREROS

BULLYING

CONI LA GROTTERIA
Y MARINA SÁEZ

 Flamboyant

CONI LA GROTTERIA

Maestra de Educación Infantil, doctoranda en Igualdad
y escritora de cuentos que promueven una cultura de paz desde
la primera infancia. En la actualidad, se encarga de la dirección
pedagógica de la escuela infantil Ituitu de Valencia y ha recibido
el Global Teacher Prize 2021.

Su proyecto educativo, Escuelas de Paz, ha sido premiado
internacionalmente y se ha implementado en centros
educativos de España y Latinoamérica.

MARINA SÁEZ

Marina Sáez nació en Barcelona. Cada fin de semana
despertaba a sus padres con toda clase de dibujos.
Años después, la cosa sigue más o menos igual.
Le gusta dibujar bigotes de gato y salirse de la raya.
Y aunque lo ordene todo por colores, siempre le da mucha
pereza sacar punta a los lápices.

Actualmente combina su profesión de ilustradora con la docencia.
Ha expuesto su obra en Barcelona, Atenas, Chicago y Berlín.

ÍNDICE

¿POR QUÉ SURGEN LOS CONFLICTOS?

Las personas tenemos muchas cosas en común.
Nos puede gustar la misma música o los mismos juegos;
a unos les puede encantar leer, y a otros, pintar.
Todo ello son cosas que nos unen y que crean
oportunidades para aprender los unos de los otros.

Pero también es cierto que, del mismo modo, todas las personas
somos diferentes: nos gustan distintas cosas, pensamos
de diversa manera, y hasta aprendemos a ritmo diferente.
¡Incluso nuestro aspecto va cambiando a lo largo del tiempo!

En ocasiones, nuestros intereses y nuestras diferencias,
así como las opiniones que tenemos, provocan dificultades
o conflictos en nuestro día a día. Esto sucede de forma natural
y no tiene por qué convertirse en algo negativo, ni generar
violencia verbal o física. Existen muchas maneras
de resolver un problema y llegar a un acuerdo.

Imagina que estás en la biblioteca.

Tienes claro qué libro quieres, pero, cuando lo vas
a buscar, otro niño te lo quita de las manos y tira de él.

En este caso, los dos tenéis el mismo interés: el libro.

No tiene que ser algo que os ponga en contra,
sino que puede ser un punto de encuentro
que os una en el futuro.

¡Os gusta lo mismo!

**Quizá decidáis aprovechar el tiempo,
sentaros y ojear el libro juntos.**

Si esto no os convence, también podéis proponer
un acuerdo, como negociar un turno cada uno.

Quizá ese día se lo lleve uno de los dos, pero hay que
respetar el acuerdo y que, a la próxima, le toque al otro.

Sin embargo, imagina que el acuerdo no se cumple.
El niño deja el libro en la biblioteca y tú vas a por él ilusionado...

Cuando ya lo tienes casi en tus manos,
corre hacia ti y de un manotazo tira el libro al suelo.
Los niños y niñas que hay a tu alrededor se ríen.
Él vuelve a coger el libro, aunque ya lo haya leído
y aun sabiendo que tú lo querías.
Tienes ganas de llorar.

Coges otro libro y te sientas en tu silla.
La próxima vez se lo dirás a..., a nadie. Te mueres de vergüenza.
Y esto empieza a repetirse día tras día: a veces tiran tu estuche
o te dan un empujón en el patio; otras, te quitan la silla
en clase, se ríen de tu pelo, te rompen
las gafas, te ensucian los zapatos...

¿Te suena? A eso se lo llama «acoso».

Llamamos *bullying* (acoso) a cuando alguien está sufriendo
situaciones de maltrato o violencia por parte de
una o más personas, de manera continuada y con intención.
De hecho, *bully*, en inglés, significa, literalmente, «matón».

Existen diferentes tipos de acoso, y todos ellos
provocan mucho dolor. El acoso **psicológico** o **verbal**
sucede cuando te insultan y empiezas a sentir miedo
e inseguridad; el **social**, cuando no te dejan participar en
actividades, te excluyen o te discriminan; el **físico**, cuando
te empujan, te pegan y usan la violencia para amenazarte
y hacerte daño; y el **ciberbullying**, cuando las redes
sociales son el canal para hundir a la víctima.

¡CUATRO OJOS!

NO
Te invito
a mi
fiesta

LA VIOLENCIA ES...

BURLARSE

DEJAR DE LADO

PEGAR

HUMILLAR

ROMPER O QUITAR ALGO

INSULTAR

DISCRIMINAR

EMPUJAR

Muchos niños y niñas sufren estas situaciones en la escuela, a menudo en silencio. Tienen lugar frente a otro grupo de observadores que validan el acoso de forma pasiva, quizá porque tienen miedo de convertirse en uno de los próximos acosados o porque no se ponen en el lugar de la otra persona, y, sencillamente, observan el proceso sin intervenir.

¿Tú qué harías?
¿Hablarías con alguien?

¿TIENES MIEDO?

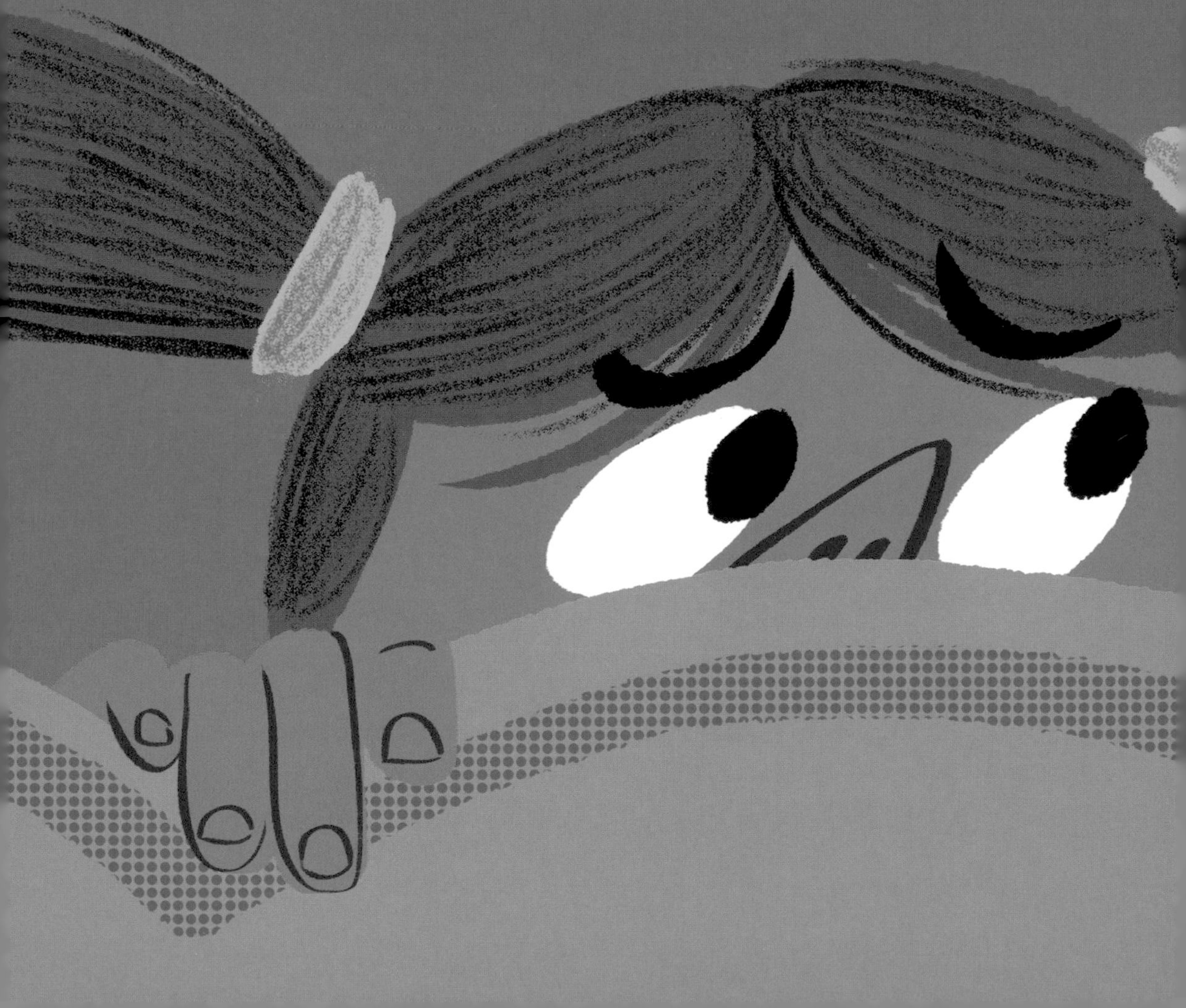

Nos pueden dar miedo muchas cosas,
y estas pueden ir cambiando a medida
que crecemos. Miedo a hacernos daño,
a la oscuridad, a quedarnos sin amigos,
a lo desconocido..., pero también a las
personas violentas, al ridículo,
a la muerte, al fracaso...

**Todos sentimos miedo,
y no tiene nada de malo.**

Es una emoción que nos salva la vida
en muchas ocasiones, pues tener miedo
nos ayuda a anticiparnos a un posible mal
o peligro. Es un mecanismo desagradable,
que a veces puede paralizarnos y amenazar
nuestro bienestar, pero eso...

NO nos hace
menos valientes.

¡TÚ SÍ QUE ERES VALIENTE!

Una persona valiente actúa frente a las dificultades con tesón y esfuerzo. No significa que no tenga miedo, sino que es capaz de seguir adelante y enfrentarse a causas o situaciones que considera justas y valiosas.

Así, expresa sus emociones, a pesar de la vergüenza o el miedo que sienta, y no deja que estas emociones la paralicen.

Es una persona que toma decisiones y hace frente a los retos con cabeza.

Personas valientes nivel PRO:

No tienen miedo a equivocarse.

Son capaces de ponerse en el lugar del otro.

Luchan por sus sueños a pesar de las dificultades.

Defienden a sus amigos y amigas.

No utilizan la violencia.

LA RED

Todos tenemos una red emocional
que nos vincula con las personas que
más queremos, que crece y que se
hace más fuerte a medida que pasa
el tiempo.

Es una red invisible que atesora
sentimientos y recuerdos,
a la que siempre puedes acudir si
activas tu corazón y que nos sostiene
en los momentos más difíciles.

¡No estamos solos!
Rompe el silencio, busca en tu red
y cuenta lo que te está pasando.

EL VALOR DE LA FAMILIA

La familia será el refugio emocional, un sitio al que acudir
ante cualquier problema o situación que no llegues a comprender,
por muy injusta o confusa que te parezca. Reforzará la red
con amor, paciencia y comprensión, y no creará más violencia
ni buscará culpables ni pondrá etiquetas.

**La familia desempeña un papel clave
y será el camino para combatir el acoso.**

EL VALOR DE LAS AMISTADES

Las amistades llenan tu red de juegos, anécdotas,
historias y muchos momentos inolvidables
que marcarán tu vida para siempre.
Deben cuidarse, quererse y respetarse.

En ocasiones, la red se enreda, porque somos diferentes
y tenemos gustos y pensamientos que no compartimos.
Pero eso no nos hace menos amigos.

Las amistades...

No te dejan de lado, y si alguna vez lo hacen,
puedes preguntarles el porqué
e intentar solucionarlo.

Cuando te ven triste, se inventan cualquier
cosa para que te sientas mejor.

Saben escuchar y dar buenos consejos.

Te quieren y te respetan.

Siempre te van a ayudar,
¡porque sois un gran equipo!

PREPARA TU VALENTÍA

1 Busca en tu red,
llénala de personas bonitas
y experiencias divertidas.

2 Cuida de ti, tu salud,
tu mente y tu gran corazón.

3 Confía en tus posibilidades;
si te equivocas,
también aprenderás.

4 El error es un proceso que nos ayuda
a descubrir nuestras fortalezas,
no desistas ¡y ve siempre a por ello!

5 Comunica tus ideas con
respeto, pero, sobre todo,
expresa tus emociones.

Es de personas valientes pedir perdón, pero
es de NIVEL PRO decir «¡TE QUIERO!».

CAMBIA TU PAPEL

No seas un observador, sé un comunicador.

¿Ves cómo le hacen daño a alguien de tu clase?

Habla con los docentes, cuéntaselo a tu familia y crea un grupo de amigos para acompañar al niño o niña acosada, evitando así que se vuelvan a producir más situaciones de *bullying*.

No seas cómplice,
sé un defensor.

¿Estás colaborando con el acosador?

Habla con tu familia, pídeles consejo, cuéntaselo a los docentes...
Ellos te garantizarán la confidencialidad. Explícale al acosador que
lo que está haciendo no tiene gracia y que dejarás de ser su amigo.
Pasa a la acción, busca más personas y únete al acosado.

No seas agresor, sé un colaborador.

¿Eres el acosador?

Habla con tus amigos, conecta con ellos sin la necesidad de demostrar que eres el más fuerte, el de las bromas pesadas o el más temido. Esa popularidad no te hace buena persona; cambia tu actitud y pide ayuda. Recuerda: pedir perdón es de valientes. Habla con tu familia, cuéntaselo a tus docentes; agradecerán el gesto y te garantizarán la privacidad, tomando las medidas necesarias para llegar a una solución.

**Activa tu red,
no estás solo.**

¿Eres el acosado?

No es tu culpa.
Habla con tu familia y tus docentes
e intenta no alejarte de tus amigos.

Si las trabajas en tu día a día, tendrás la fortaleza
para evitar y prevenir cualquier tipo de acoso.

AUTOESTIMA
Te ayuda a aceptarte
y valorarte a ti mismo.

ASERTIVIDAD
Te permite decir lo que
piensas y sientes de manera
sincera y respetuosa.

APRENDIZAJE
EMOCIONAL
Es cuando comprendes los
sentimientos, pensamientos
y emociones de los demás.

AFECTO
Ocurre cuando sientes cariño
hacia otra persona.

ALEGRÍA
La recargan las sonrisas
y los planes divertidos.

EL MURO DE LOS VALIENTES

¿Qué le dirías al acosador?

Lo que haces está fatal.
No es solo una broma.

¿A la víctima?

No es tu culpa.
No estás solo.
Soy tu amigo.
Habla con tu familia.
Cuenta conmigo.

¿A los observadores?

No te calles, ayúdalo.
Actúa con tus amigos.
No lo dejes solo.

¿A los adultos?

No es un simple «juego» de niños.
Necesito que me ayudes.
No quiero cambiarme
de colegio.

CÓMO PREVENIR EL ACOSO DESDE LA FAMILIA

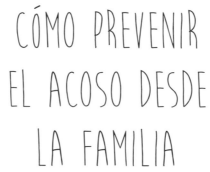

**¿Ha cambiado el carácter? ¿No quiere ir al colegio?
¿Pierde sus pertenencias? ¿Llega con cosas rotas?**

OBSERVACIÓN

REVELACIÓN

CONSOLIDACIÓN

No hay que culpabilizar ni montar una batalla
contra la escuela u otras familias implicadas.

Verbaliza la situación y no la minimices.
No es una travesura ni son «cosas de niños».
Es el momento de tomar medidas, acompañar
emocionalmente y buscar soluciones.

Reflexionamos:
Debemos ser conscientes de que en todas las familias
puede haber un acosado, un agresor o un espectador.
El papel preventivo y la responsabilidad
adulta es esencial como referente educador.

CÓMO PREVENIR EL ACOSO DESDE LA ESCUELA

- Educar en el respeto mutuo y en la evaluación de los propios comportamientos.

- Generar diálogos para exponer problemas o sospechas de violencia escolar.

- Desarrollar un plan de convivencia donde participen el alumnado, los docentes y las familias.

- Crear acciones educativas donde se trabaje la empatía y la **conciencia emocional**.

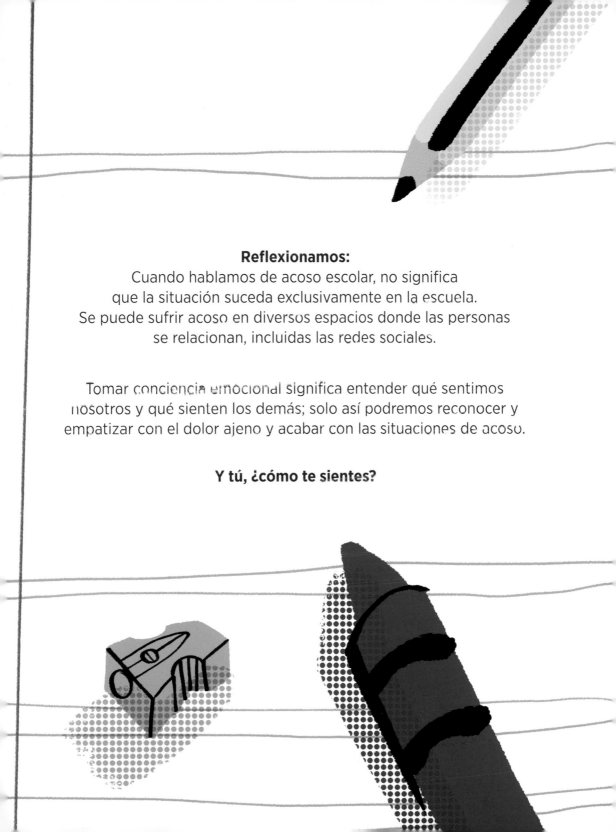

Reflexionamos:
Cuando hablamos de acoso escolar, no significa
que la situación suceda exclusivamente en la escuela.
Se puede sufrir acoso en diversos espacios donde las personas
se relacionan, incluidas las redes sociales.

Tomar conciencia emocional significa entender qué sentimos
nosotros y qué sienten los demás; solo así podremos reconocer y
empatizar con el dolor ajeno y acabar con las situaciones de acoso.

Y tú, ¿cómo te sientes?

PEQUEÑO GUERRERO...

Puede que hayas visto algo que sabes que está mal,
tal vez tú mismo estás haciendo algo mal (pero tus amigos
y amigas te lo aplauden y tienes miedo de perderlos),
o quizá eres el centro de todas las bromas.

En cualquiera de estas situaciones, **no estás solo**.
La situación no es definitiva y todo tiene solución.

PIDE AYUDA. UTILIZA TU RED.

Recuerda: podemos prevenir e incluso **eliminar**
un caso de acoso. Debes formar equipo,
pues seguro que hay más niños y niñas
que están pasando por lo mismo.

Tú puedes ser el cambio.

Otros títulos de la colección:

Relajaciones, de Mamen Duch y Guridi
Pensamientos, de Sofía Gil y Mercè Galí
Habilidades sociales, de Sofía Gil y Andreu Llinàs
Me quiero, de Susanna Isern y Mariona Tolosa Sisteré

Texto: © Coni La Grotteria, 2022
Ilustraciones: © Marina Sáez, 2022

De esta edición: © Editorial Flamboyant S. L., 2022
Gran Via de les Corts Catalanes 669 bis, 4.º 2.ª, 08013 Barcelona
www.editorialflamboyant.com

Corrección de textos: Raúl Alonso Alemany
Todos los derechos reservados.

Primera edición: septiembre de 2022
ISBN: 978-84-18304-85-9
DL: B 11357-2022

Impreso en Imprenta Mundo, Cambre, A Coruña, España

MIXTO
Papel procedente de
fuentes responsables
FSC® C125125
FSC
www.fsc.org

Libro libre de emisiones de CO_2
gracias al acuerdo establecido con
la Fundación Plant-for-the-Planet.